GW00455935

This Book Belongs To

_____

_____

_____

S M T W T F S

☐ ☐ ☐ ☐ ☐ ☐ ☐

Date: ☐ ☐ ☐

S M T W T F S
☐ ☐ ☐ ☐ ☐ ☐ ☐

Date: ☐☐ ☐

Date:

S M T W T F S

Date:

S M T W T F S
☐ ☐ ☐ ☐ ☐ ☐ ☐

Date: ☐☐ ☐

S M T W T F S

☐ ☐ ☐ ☐ ☐ ☐ ☐

Date: ☐ ☐ ☐

S M T W T F S
☐ ☐ ☐ ☐ ☐ ☐ ☐

Date: ☐☐ ☐

S M T W T F S
☐ ☐ ☐ ☐ ☐ ☐ ☐

Date: ☐ ☐ ☐

Date:

S M T W T F S
☐ ☐ ☐ ☐ ☐ ☐ ☐

Date: ☐☐☐

S M T W T F S

Date:

S M T W T F S
☐ ☐ ☐ ☐ ☐ ☐ ☐

Date: ☐ ☐ ☐

S M T W T F S
☐ ☐ ☐ ☐ ☐ ☐ ☐

Date: ☐ ☐ ☐

S M T W T F S
☐ ☐ ☐ ☐ ☐ ☐ ☐

Date: ☐☐ ☐

S M T W T F S
☐ ☐ ☐ ☐ ☐ ☐ ☐

Date: ☐ ☐ ☐

S M T W T F S   Date:

Date:

Date:

S M T W T F S

Date: ☐☐☐

S M T W T F S
☐ ☐ ☐ ☐ ☐ ☐ ☐

Date: ☐☐ ☐

S M T W T F S
☐ ☐ ☐ ☐ ☐ ☐ ☐

Date: ☐☐ ☐

S M T W T F S

☐ ☐ ☐ ☐ ☐ ☐ ☐

Date: ☐ ☐ ☐

S M T W T F S
☐ ☐ ☐ ☐ ☐ ☐ ☐

Date: ☐ ☐ ☐

S M T W T F S
☐ ☐ ☐ ☐ ☐ ☐ ☐

Date: ☐ ☐ ☐

S M T W T F S
☐ ☐ ☐ ☐ ☐ ☐ ☐

Date: ☐☐☐

S M T W T F S
☐ ☐ ☐ ☐ ☐ ☐ ☐

Date: ☐☐☐

S M T W T F S
☐ ☐ ☐ ☐ ☐ ☐ ☐

Date: ☐ ☐ ☐

S M T W T F S
☐ ☐ ☐ ☐ ☐ ☐ ☐

Date: ☐ ☐ ☐

S M T W T F S
☐ ☐ ☐ ☐ ☐ ☐ ☐

Date: ☐☐☐

S M T W T F S

Date:

S M T W T F S
☐ ☐ ☐ ☐ ☐ ☐ ☐

Date: ☐ ☐ ☐

S M T W T F S
☐ ☐ ☐ ☐ ☐ ☐ ☐

Date: ☐☐ ☐

S M T W T F S
☐ ☐ ☐ ☐ ☐ ☐ ☐

Date: ☐ ☐ ☐

S M T W T F S   Date:
☐ ☐ ☐ ☐ ☐ ☐ ☐

S M T W T F S   Date: ☐☐☐☐☐☐☐

Date:

S M T W T F S

Date:

S M T W T F S

Date:

S M T W T F S
☐ ☐ ☐ ☐ ☐ ☐ ☐

Date: ☐ ☐ ☐

S M T W T F S Date:

S M T W T F S

Date:

S M T W T F S
☐ ☐ ☐ ☐ ☐ ☐ ☐

Date: ☐☐☐

S M T W T F S

☐ ☐ ☐ ☐ ☐ ☐ ☐

Date: ☐ ☐ ☐

S M T W T F S
☐ ☐ ☐ ☐ ☐ ☐ ☐

Date: ☐ ☐ ☐

S M T W T F S
☐ ☐ ☐ ☐ ☐ ☐ ☐

Date: ☐ ☐ ☐

S M T W T F S
☐ ☐ ☐ ☐ ☐ ☐ ☐

Date: ☐☐☐

S M T W T F S ☐ ☐ ☐ ☐ ☐ ☐ ☐

Date: ☐ ☐ ☐

S M T W T F S
☐ ☐ ☐ ☐ ☐ ☐ ☐

Date: ☐ ☐ ☐

S M T W T F S
☐ ☐ ☐ ☐ ☐ ☐ ☐

Date: ☐ ☐ ☐

S M T W T F S
☐ ☐ ☐ ☐ ☐ ☐ ☐

Date: ☐ ☐ ☐

S M T W T F S
☐ ☐ ☐ ☐ ☐ ☐ ☐

Date: ☐ ☐ ☐

S M T W T F S
☐ ☐ ☐ ☐ ☐ ☐ ☐

Date:

S M T W T F S
☐ ☐ ☐ ☐ ☐ ☐ ☐

Date: ☐☐ ☐

Printed in Great Britain
by Amazon

86058351R00058